科学超入门

磁与电磁

不可思议，磁铁组成世界！

[韩] 张炳基 著
[韩] 可乐梦 绘
陈琳 胡利强 许明月 译

化学工业出版社
·北京·

2

前言

早在大约4500年前,中国人就发现了天然磁石。磁铁能够吸引物体的现象让当时的人们感到非常惊奇和神秘。但很长一段时间内,磁铁的用途仅限于制作指南针,为人们指示方向。直到100多年前,磁铁和电磁铁才广泛应用于我们的日常生活中。还有喜欢人戴磁性手镯、系磁性腰带等等。可以说,像磁铁这样对人类文明产生重大影响的事物并不多。

爱因斯坦在自传里说,5岁的时候,爸爸送给他一个指南针,他玩得爱不释手,这段经历对他一生的影响是非常重要和深远的。他根据指南针做出推断:既然磁铁会产生磁场,那么地球的重力也会产生重力场。

关于磁铁,我们有许多疑问。磁铁到底是怎样制造出来的呢?两块磁铁为什么会相互吸引?磁铁为什么有N极和S极?早餐麦片为什么会被磁铁吸住?等等。

你有没有注意过大头针会粘在磁铁上？有没有见过有时磁铁的同极也会相互吸引？也许你会说：因为大头针是铁做的，所以会吸在磁铁上；磁铁同级相吸，那肯定是因为磁铁坏了。但这些问题绝不是如此简单。在这本书里，我们将一一学习到有关磁铁的各种知识。

这本书的讲解是正确的吗？科学并不仅仅是通过书本传授知识，更重要的是为书中的理论找到实际依据。因此，希望小读者们在阅读这本书的同时要用磁铁来做实验，看看书中所说的情形会不会真的发生。如果发现实际情况与书中的讲解不一致，请尽快和我联系。从一块小小的磁铁中，你会发现许多有趣的现象。

张炳基（韩） 写于玉兰飘香的春来谷

目录

第 1 章　组成世界的磁铁　　7

磁铁是谁发明的?　　　　　　10
铁为什么会被磁铁吸住?　　　 23
磁铁的力量看得见吗?　　　　 36
磁铁越大,磁力就越强吗?　　 44

第 2 章　移动世界的电磁铁　　57

电和磁是双胞胎吗？　　　　　　　　　　　　60

线圈内放入铁芯，就会成为磁铁吗？　　　　　71

磁铁附近的电线为什么会动？　　　　　　　　80

用手转动电动机，就成了发电机？　　　　　　89

"10点15分开往春川的列车在2号站台开始检票。"

一听到清凉里火车站的广播,我马上拉起弟弟的手,跑向2号站台。今天是星期六,我们不上学,打算到春川的姨妈家去玩。今天的旅行有些特别,这是我第一次独自旅行,没有爸爸妈妈陪伴,而且我还带着弟弟道里,他上小学二年级,是个不懂事的小家伙。不过我明年就升初中了,这点事难不倒我!

上了火车后,我们去找座位。3号车厢11座、12座,很快就找到了。咦?我们前面的座位怎么是冲着我们的?那里坐着一个叔叔。不,应该是爷爷吧?他头发花白,连胡子都是白的。

座位能不能转过去呢?和陌生人面对面多尴尬呀!我犹豫了一下该怎么办,最后还是决定就这么面对

面坐着吧。

我不习惯和陌生人搭话。偷偷地打量了一下,发现他还真不是爷爷,只是个留了胡子的叔叔。

弟弟上车的时候带了一个磁棒玩具。这是他最近最着迷的玩具,说姨妈家没有什么好玩的,一定要带上这个。难得坐火车去旅行,弟弟却只顾玩磁棒,看都不看一眼窗外的风景。

"哥哥,磁铁为什么会吸在一起呢?"

弟弟突然问。他凡事喜欢打破沙锅问到底,可烦人了,我干脆闭上眼睛装睡,没想到还真的睡着了。不知过了多久,醒来一看,弟弟正和对面的叔叔聊天,讨论着磁铁、指南针什么的。我真不明白,和陌生人有什么好说的呀!

磁铁是谁发明的?

"我们来找找隐藏在生活中的磁铁吧!"

橡胶磁条

打开冰箱门,你会发现四周包裹着橡胶磁条,这样关门的时候才能密封,达到保温的效果。

碗柜、衣柜等用木头制成的家具上也有磁铁,隐藏在门上。在关门的地方有一块小铁片,磁铁牢牢吸住铁片,门就关紧了。螺丝刀的顶端也是磁铁,螺丝能被螺丝刀吸住,在人的手伸不进去的地方,螺丝刀也能吸住螺丝,进行安装。磁铁在我们生活中的应用十分广泛。

在农村,牛吃下去的饲料或草里可能含有铁钉、铁渣等,"牛胃磁钢"会把铁等物质吸住,从而起到保护牛胃的作用。磁铁还能制成医学用具,用来吸附进入人眼的铁粉。

此外,你们现在手里拿的火车票、平时坐公共汽车时的车票、大人们使用的信用卡等等,上面的黑灰色磁条也是磁铁的一种。

磁条上涂着极为细小的磁粉，记录着各种重要的信息。

呈螺旋状缠绕的铜线叫做"线圈"，利用线圈和磁铁能够使物体移动或固定。你们一定玩过用电池控制的玩具汽车吧？玩具汽车里装有电机，能使汽车前进或后退，电机就是由磁铁和线圈组成的装置。手机的震动装置也是受电机控制的。

你们在游乐场里玩过高空降落（Gyro Drop）吗？这个设施里也有磁铁和线圈，能够发挥刹车的作用，使机器从高空中猛地降落到地面之前安全停止。

发电机里的磁铁和线圈一起工作，能产生电能。录像带能够记录声音和影像，也是磁铁的功劳。

在磁铁的外部缠绕线圈，通电产生电磁的装置就叫做"电磁铁"。电磁铁只有在通电时才像磁铁一样具有磁性。

票价：1000 韩元
上车站：市政府
购票时间：上午 10 时 06 分

"我还以为磁铁的本领只不过是能吸住别的东西,没想到却这么有用。这么了不起的东西,到底是谁发明的呢?"

磁铁是谁发明的呢?其实,磁铁是地球上原本就存在的,没有"发明"一说,而是人们逐渐学会了使用磁铁的方法。

大约2500年前,土耳其有个牧羊的少年名叫"Magnes",放羊的时候,他经常手拿一根木棒,上面贴着一个铁片。有一天,他在山脚下无意中发现了一块黑色的石头,能够吸住自己鞋子上的鞋钉和带铁的木棒。这块石头就是我们今天所说的天然磁石。

磁铁的英文名称是"magnet",据说来自这个放羊少年的名字,还有一种说法是少年发现磁石的地方叫做"magnesia",磁铁一词取自这个地名。

西方的传说中还有关于"磁铁山"的故事。相传大海中央有一座高高耸立的磁铁山,当船只靠近时,船上的铁制品都会被吸附到磁铁山上,于是船只就会沉没。对于经常出海的渔民们来说,这无疑是个恐怖的故事。

这自然只是个传说，但从中可以看出古代的人们对于磁铁的力量是多么好奇和恐惧。

最早发现磁铁的是中国人。中国人看到自然界中有种黑色的石头，能够吸引铁屑等金属物质块，就像母亲把孩子抱在怀里一样。于是，他们取慈爱之意，把这种石头称为"慈石"，后来，体现磁性的"磁"字逐渐取代了"慈"字，演变为"磁石"一词，并一直沿用到今天。

磁石能够吸引铁等物质的性质叫做"磁性"，磁石的作用力叫做"磁力"。

中国人还发现这种天然磁石在随意摆动后总是指向同一方向，便用它制成了"指南针"，意为"指示南方的铁"。

"磁石指向南方！指南针会指示方向，这么说，磁石就是指南针？"

"对了！课本上说指南针就是用天然磁石制成的。叔叔，指南针是中国人发明的吗？"

嗯，努里真聪明！指南针是人类文明史上的一项重要发明。乘船在茫茫大海上航行时，如果没有指南针，很容易迷失方向。有了指南针以后，人们就能够放心地驾船出海，到大海那边的未知地区去探索。

距今约2000年前，中国人将天然磁石铸造成勺子模样的指南针。把这个"勺子"放在正方形的木板上，让它自由旋转，等它静止的时候，勺柄就会指向南方。

据说在大约1000年前，宋代的人们还制造出了鱼形的指南针——"指南鱼"，将木头雕琢成鱼的形状，并安装上磁针，就能够浮在水面上，指示南北方向。后来，指南鱼的形状不断改进，逐渐成为了今天的指南针。

其实，你们也能做出指南鱼来。努里，如果给你一根缝衣针，你想一想怎么能让针带有磁性，成为磁针呢？

"那还不简单？用磁石不断摩擦缝衣针，它就会带上磁性了。"

努里很聪明！用磁石去摩擦缝衣针的时候，不要胡乱摩擦，而是用磁石的一极在针上沿同一方向

快成为磁铁吧！

摩擦，这样针才能带上较强的磁性。然后将针放在纸上，轻轻放到水面上，你会发现针指向南北方向。

我们看看道里在玩的磁棒吧！你平时拿着磁棒怎么玩呢？是不是用小铁珠和磁棒来搭房子或桥？将两根磁棒相互靠近，你会发现他们有的相互吸引，有的相互排斥。铁珠从来不会被吸在磁棒的中间位置，总是会跑到磁棒的一端去。

磁铁上磁性最强的部分叫磁极，磁铁有两级。将一根细线捆在磁棒中间，提起细线，使磁棒水平悬挂，此时磁棒指向北方的一级就是N极，指向南方的一级就是S极。

"所有的磁铁都有N极和S极。道里的磁棒玩具也是如此。你看，把细线捆在磁棒中间，使其在空中水平悬挂，磁铁的两端总是指向固定的方向。这根磁棒的这一端就是S极，总是指向南方。"

磁铁具有同极相斥、异极相吸的性质。

那么，磁铁为什么总是指向南北方向呢？其中的奥秘与我们生活的地球有关。地球就是一个巨大的磁棒。你们想一想，地球的北极和南极分别是这个大磁铁的什么极呢？

"刚才您不是说磁铁的N极指向北方，S极指向南方吗？那么地球的北极就是N极，南极就是S极了。"

道里听得很认真嘛！但我刚才也说了，磁铁是同极相斥、异极相吸的，也就是说，磁铁的N极会与S极相吸，磁铁的N极指向北方，是被地球的S极吸引而指向那里的。

所以说，地球是个大磁体，S极在北，N极在南。受地球磁场的磁力作用，地球上的磁铁总是指向南北方向，正因为这样，古代的人们才发现用磁铁制成指南针后能够辨别方向。

其实，地球上有一些生物把磁铁当做指南针的历史比人类更为悠久。生活在美国堪萨斯州的黑脉金斑蝶是地球上唯一的迁徙性蝴蝶，每年都要飞到 4000 公里以外的墨西哥去过冬。

人们曾经一度认为这种蝴蝶是利用太阳来辨识方向，但近年才发现它们是靠地球磁场认路的。蝴蝶的头部和胸部都有磁性物质，能够发挥指南针的作用。

黑脉金斑蝶就是依靠身上的磁铁来判断方向的。这也要归功于地球是个大磁体。

此外，黄蜂身上也带有磁铁，在筑巢的时候为了让巢穴保持平衡，会将磁铁安装在六角形"房顶"上。科学家认为，黄蜂能够利用磁铁来判断巢穴是否对称、平衡，而且在黑暗中行动自如，不会在房间里四处乱撞。

"可是叔叔，磁石是怎么变成磁铁的呢？"

"哥哥，我也有个问题。叔叔，磁铁都是用石头做成的吗？我的磁棒玩具里面的磁铁也是石头吗？"

你们俩的好奇心还真大呀！努里的问题稍微有点复杂，简单地说，磁石会成为磁铁，是因为地球是个大磁体的缘故。

你知道铁做的物体靠近磁铁或在磁铁上摩擦，会产生磁性、变成磁铁，对吗？就像我们前面所说的缝衣针那样。磁石的内部有铁分子，受到地球这个大磁场的影响，就变成了磁铁。

道里，天然磁石确实是石头，而磁铁指的是天然磁石中的铁成分。

以前的磁铁大部分是用铁来制成的，但如今，人们常用的磁铁是将磁粉与其他成分相混合后制成的。根据使用材料的不同，磁铁的磁性也有一定的差别。

道里磁棒玩具里的磁铁叫做"钕磁铁",是用钕、铁、硼等材料制成的,磁性很强,一个手指甲盖那么大小的钕磁铁就能吸住10千克左右的大铁块。

还有一种磁铁叫"铁氧体磁铁",铁氧体是铁与氧气的化合物,可以理解为生了锈的铁。铁氧体磁铁能够制成各种形状,在日常生活中的应用十分广泛,比如能把纸条贴在冰箱门上的冰箱吸等。

还有铁制的磁铁,学名叫"磁钢",是将铁与铝、镍、钴等混合后制成的。磁钢的英文名称是"AlNiCo",即铝、镍、钴的缩写。

此外还有常用于广告宣传物的橡胶磁铁,是将磁粉与合成橡胶复合后成型的柔软磁体,可用剪刀等进行剪切,加工成各种复杂形状。

铁为什么会被磁铁吸住?

"哈哈,道里生气啦!不过哥哥的话也没错,铁本来就是会被磁铁吸住的物质。"

磁铁能吸引的物质都有哪些呢?刚才你们看到的500元硬币的成分包括铜和镍,却不能被磁铁吸起来,证明不是所有的金属都会被磁铁吸引。

能够被磁铁吸引的金属有铁、镍、钴等。500元硬币虽然也含有镍的成分,但其他成分太多,不能被磁铁吸引。木头、塑料、石头等不含金属的物体都不会被磁铁吸引。

那么,为什么铁会被磁铁吸住呢?道里现在好奇的是这个吧?道里,把你的磁棒借我一下好吗?试试能不能吸住我的回形针。回形针是铁制的,自然能被吸住。

用磁铁吸住一个回形针，过一会儿拿开磁铁，用另一个回形针靠近第一个回形针，你会发现它被吸住了。这是为什么呢？回形针不是磁铁，为什么能吸住另一个回形针？

原来，被磁铁吸住的第一个回形针也成了磁铁。所以，铁会被磁铁吸住，是因为铁在磁铁的附近，就会变成一个新的磁铁。回形针被磁铁吸住、变成磁铁的过程叫做"磁化"。磁化的意思就是原来不具有磁性的物质获得了磁性。

但是，被磁铁吸住的回形针经过一定时间以后，又会变回普通的回形针，不能继续发挥磁铁的作用。所以，我们把第一个磁铁叫做"永久磁铁"，像回形针一样暂时被磁化的磁铁叫做"暂时性磁铁"。

被磁铁吸住的回形针磁化的时候，回形针也像磁铁一样，产生N极和S极。用吸附在磁铁N极的大头针的针头去接触指南针，你会发现指南针的N极指针被吸引，S极指针转向相反方向。这是因为大头针的针头被磁铁吸住后变成了S极，而没有接触磁铁的针尖部分则是N极。

也就是说，铁制的物体在接触磁铁的N极时，接触磁铁的一端被磁化为S极，离磁铁较远的一端成为N极。铁制的物体接触磁铁S极的情形则刚好相反。我们来总结一下：当接触磁铁时，铁制物体会产生与磁铁磁极相反的极，所以两者相互吸引。因为N极和S极是相互吸引的。

铁被磁化时，并不一定要和磁铁发生接触。只要铁处于磁铁的附近，即磁铁的作用范围内，铁就会被磁化，成为磁铁。

"可是叔叔，为什么铁在磁铁附近会被磁化，而其他物体不会被磁化呢？"

努里的问题提得非常好!其实,世界上的一切物体都受到磁铁的影响,只是程度不同。你们仔细观察,叔叔现在要变魔术了。这个魔术叫做"磁铁生风"。将几块磁性很强的钕磁铁贴合在一起,并点燃生日蛋糕上的小蜡烛。

然后,将磁铁靠近燃烧的蜡烛,你们睁大眼睛、屏住呼吸看好了,不要从鼻子里呼出气来,使烛火发生摇摆。我要开始在心里默念咒语了!

怎么样,看到了吗?烛火是不是向后摆动起来了?明明没有刮风,为什么烛火会动呢?这是因为磁铁吸引了空气中的氧气。哈!我看到你们俩的脸上都是一副难以置信的表情。

努里,你想一想,蜡烛要持续燃烧,需要什么呢?对,需要氧气。但我们用磁铁靠近烛火时,附近的氧气都被吸引到磁铁那边,于是,蜡烛的火苗就会向相反方向倾斜。

这个实验证明，氧气在磁铁的附近也会被磁化，被磁铁吸引。

还有，将两根火柴头尾相对粘在一起，水平放在吸管或铅笔的上面，我们会看到火柴头的硫黄也受到磁铁的影响。注意不要让火柴被风吹动，用钕磁石慢慢靠近火柴头的硫黄，可以看到硫黄向磁铁移动。

如果用细玻璃棒代替火柴来做这个实验，你会发现玻璃棒和磁铁发生排斥。为什么会这样呢？

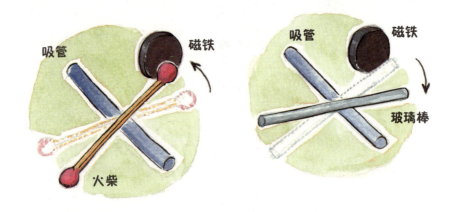

对，这也是因为火柴头上的硫黄和玻璃棒受到磁铁的影响，被磁化为暂时性磁铁的缘故。

把硫黄、玻璃棒架在光滑的物体上或绑在细绳上，就可以看到它们靠近或远离磁铁的反应。不过磁化后的硫黄、玻璃棒磁性极弱，不会像被磁化的回形针、大头针一样被磁铁吸住。

"叔叔,硫黄被磁铁吸引,玻璃棒为什么和磁铁相排斥呢?它们都被磁化了,应该都被磁铁吸引才对呀!"

道里现在也能提出和哥哥一样棒的问题了!道里呀,你要知道,把两根磁棒放在一起,它们有时也会相互排斥,那就是当N极遇到N极、S极遇到S极的时候。

玻璃棒之所以会偏离磁铁,是因为玻璃棒上产生了和磁铁磁极相同的磁极。而火柴头上的硫黄产生的是和磁铁磁极相反的磁极。

世界上所有的物体位于磁铁附近时,就会被磁化,变成新的磁体。但铁、镍、钴等物质会成为磁性强大的磁体,被磁铁吸住;硫黄、氧气、铝等物质会成为磁性较弱的磁体,不会被磁铁吸住。在上述两种情况下,物体靠近磁铁的一端都会产生与磁铁磁极相反的磁极。

而玻璃、水、石墨等物质处于磁铁附近时,靠近磁铁的一端会产生与磁铁磁极相同的磁极,但由于磁性极弱,我们很难发现它们和磁铁发生排斥反应。

"也就是说,世界上所有的物体位于磁铁附近时,就会变成新的磁体。真神奇啊!可是叔叔,为什么铁会变成强磁体,而硫黄会成为弱磁体呢?玻璃产生的磁极为什么和硫黄不一样呢?"

其实，说"某种物体成为磁体"并不是正确的表达，严格来说，是物体位于磁铁附近时会产生磁铁的性质。为了解答努里的疑问，我们先来看看物体位于磁铁附近时，在什么情况下会发挥出相当于磁铁的力量。

我们需要一些磁粉。陶瓷磁铁比较易碎，我们用锤子将陶瓷磁铁砸碎后放入研钵里研磨，就能得到磁粉。将磁粉装入实验用的试管，试试用大头针去碰一下试管，会怎么样呢？

"磁粉也是磁铁，大头针当然会被吸住。"

"磁铁被粉碎后，N极和S极都分散了，失去了磁铁的性质，大头针不会被吸住吧？"

很多人都像努里一样，认为试管里装有磁粉，大头针会被吸住，但事实上大头针不会被吸住。为什么呢？正如道里所说，磁粉各个颗粒的磁场方向不同，无法叠加为统一方向的磁场，所以也就失去了磁铁的性质。

努里有没有在学校里做过切割磁铁的实验？磁铁切割后会怎么样呢？对，再怎么分割，磁铁依然是磁铁。磁棒一头是N极，另一头是S极，但将磁棒一切为二后，并不能得到只有N极或只有S极的磁铁。

一块磁铁被切割为两块后，小磁铁两端将分别产生N极和S极。将其中一块小磁铁继续一分为二，又能得到两块磁铁。

说到这里，你们肯定要问了：磁粉也是磁铁，那为什么不会吸住大头针呢？我们再来做个实验，将磁棒的一端在装有磁粉的试管下面摩擦几下，然后用大头针靠近试管，奇怪的事情发生了！这回大头针被吸住了。磁棒对磁粉施了什么魔法呢？

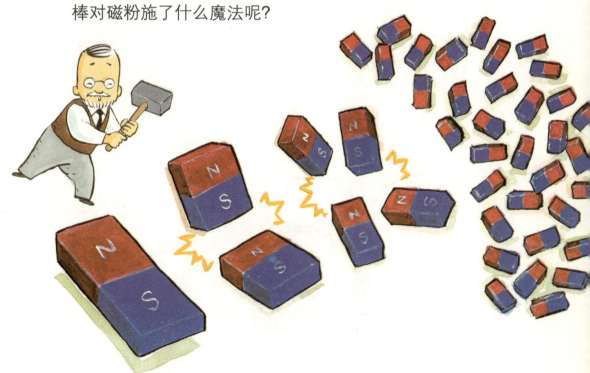

第1章　组成世界的磁铁

起初，装有磁粉的试管无法吸住大头针的原因是，磁粉虽然是一个个小磁铁，但磁场过于分散，磁性极弱。我们可以这样来理解，驾驶马车的时候，要向一个方向用力，马车才能移动起来，如果分别向各个方向牵引，马车就动不了了。

但是，如果用磁铁摩擦装有磁粉的试管，这些小磁铁就会有规律地排成一列，这就是被磁化的过程，就像和磁铁摩擦的缝衣针被磁化一样。磁粉被磁化后，自然就能吸引大头针了。

科学家们认为，世界上所有的物质都可以看做是试管内的磁粉。也就是说，物质都是由无数极为微小的"磁铁"组成的，但有的物质由于"磁铁"的排列杂乱无章、毫无秩序，所以不能表现出磁铁的磁性。

努里呀！再怎么用磁铁去摩擦木筷子，它也不会变成磁铁。你觉得奇怪吧？刚刚还说世界上的所有物质都是由无数极为微小的"磁铁"组成的，怎么现在又说筷子不是磁铁呢？这到底是怎么回事？

虽然物质都是由小"磁铁"组成的，但只有铁、镍、钴等物质内部的小"磁铁"会在磁铁的作用下呈一定顺序排列。

举例来说，含有铝成分的物体中也有小"磁铁"，在磁铁的作用下，大部分"磁铁"依然是散乱的，只有一部分"磁铁"会按顺序排列的，因此，它具有较弱的磁性。刚才所说的火柴硫黄就是如此。

同样，当磁铁靠近玻璃时，玻璃中的小"磁铁"也依然排列得杂乱无章，只有极小部分"磁铁"会规则排列，所以玻璃具有弱磁性，会和磁铁发生不易察觉的相互排斥现象。

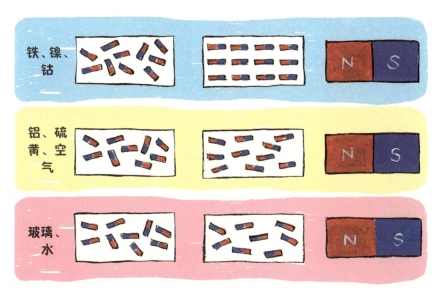

根据物质的种类不同，物质中的小"磁铁"有的很容易改变方向，有的不容易改变方向。小"磁铁"容易排成一列的物质具有强磁性，反之则具有弱磁性。

"叔叔，那为什么磁铁放得再久也是磁铁，大头针、回形针被磁铁磁化后却很快就会失去磁性呢？"

刚才我说过，如果物体中的小"磁铁"呈规则排列，该物体就是磁铁；如果小"磁铁"散乱无章，该物体就不是磁铁。

磁铁中的小"磁铁"总是有秩序地排成一列，所以能够长久保持磁性。但铁制的大头针、回形针被磁铁吸住时，内部的小"磁铁"呈一列排列，一旦离开磁铁，小"磁铁"又重新变得散乱，所以马上失去了磁性。

不过，磁铁也是有有效期的，时间久了，磁铁的磁性会变弱直到消失。也就是说，磁铁并不永远都是磁铁。

你们在学校里用的指南针也有有效期，因为指南针也是用磁铁制成的。

所以说，某种物质能够成为磁铁，是因为物质中的小"磁铁"有规则地排列，并长时间维持这种状态。位于磁铁边缘处的小"磁铁"排列得并不十分整齐，稍稍向两旁倾斜。

时间长了，磁铁会逐渐失去磁性。面积较宽的磁铁比长度较长的磁铁更容易失去磁性。

磁铁的力量看得见吗?

"想看看磁铁的力量?我能满足道里的愿望。"

将一块玻璃板放在磁棒上,上面均匀地撒上一层铁粉,我们就能看到磁铁是怎样发挥作用的了。努里在学校里做过这个实验吧?你会发现磁铁附近的铁粉在玻璃板上运动起来,排列成一定的图案。当然,距离较远的铁粉并不发生移动。

铁粉的排列是由于磁铁的作用。观察铁粉排列的图案,就能看出磁铁的力量是怎样发挥作用的。

磁铁能够发挥作用的范围叫做"磁场",存在于磁铁的周围。"场"的意思就是"场地"。也就是说,磁场是体现磁铁力量的空间,观察铁粉排列的图案就能推测磁场的形态。

为了将看不到的磁场具体化,英国科学家法拉第想出了用线条来画磁场的方法,也就是将洒落在磁铁周围的铁粉形成的图案用线条连接起来。

由于这种线条能够显示磁铁是如何对铁粉发生作用的,法拉第把它命名为"磁力线"。可是,有了磁力线,似乎还缺少了点什么,是什么呢?

分布在磁铁附近的铁粉被磁化后,产生了N极和S极。磁力线不能体现N极和S极的方向。于是,法拉第在磁力线上增加了箭头,用来表示N极的指向。

"叔叔,光看铁粉,怎么知道哪边是N极、哪边是S极呢?"

努里说得对。要想知道哪边是N极、哪边是S极,只要在磁铁的旁边放上几个指南针就行了。因为指南针上标注着N极和S极,看看指南针的指针,不就马上知道答案了吗?

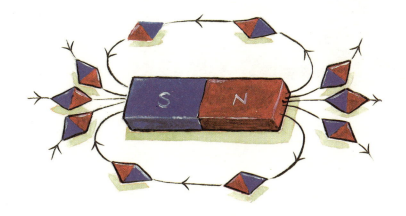

怎么样,看出指南针的N极指向哪里了吧?这样也就能知道磁力线上N极的方向了。沿着指南针N极所指的方向画上箭头,这幅磁力线图就完成了。

画完磁力线图,你会发现磁力线像是从磁铁的N极出发,进入S极的。反过来,如果在S极所指的方向画上箭头,磁力线就像是从磁铁的S极出发,进入N极。但法拉第在画磁力线的时候是以N极为基准的,后来这个方法一直沿用下来。利用磁力线,我们理解磁铁就容易多了。用磁力线来解释磁铁同极相斥、异极相吸的道理,也非常简单。

磁力线分布密集的部分比其他地方磁性强。比如,磁铁的N极和S极聚集了较多的磁力线,所以这里是磁铁作用最强的地方。

"对,我的磁棒两端也能吸住较多的回形针。叔叔,为什么回形针不能直立在磁铁上,总是会倒下呢?既然磁棒的顶端磁性最强,回形针为什么立不住呢?"

回形针被磁铁吸住的形态其实就是磁力线的图案。磁力线从N极出发,回到S极,所以在磁极的边缘处回形针会倾斜,但如果回形针位于磁极的正中央,是能够立起来的。

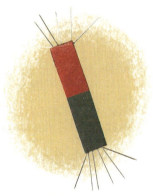

怎么样,大头针被磁铁吸住的模样是不是很像我们所画的磁力线?

将大头针立在磁棒中间,大头针站立不住,会平贴在磁棒上。想想磁力线的样子,你也能马上明白其中的道理。在磁棒中间,磁力线几乎是与磁棒平行的,所以大头针也会平行地贴在磁棒上。

那么,如果把大头针放在圆形的磁板上面,又会怎么样呢?圆形磁板的N极和S极分别位于它的上面和下面。

圆形磁板的磁力线也是从 N 极出发，回到 S 极，所以磁场的形状呈扁平状。

因此，大部分磁力线指向几乎与地面平行的方向，大头针也就无法竖立在磁板上，而是平贴在磁板上。

"呵！原来是这样，我还以为我的磁棒是不合格产品，所以回形针才立不住的。"

"叔叔，您不是说地球也是个大磁体吗？那么，把许多指南针放在地球上，是不是就能看出地球磁场的形状了？"

对！叔叔说过什么话，努里都一一记着呢！确实如此，如果我们把指南针放在地球表面，顺着指针的方向画线，就能描画出地球的磁力线。当然，箭头要画在 N 极所指的方向上。

既然地球是个大磁铁，地球周围的空间就是磁场。地球磁铁的作用范围叫做"地磁场"。地球这个磁铁的S级位于地球的北端，N级位于地球的南端，所以，地球的磁力线是从南极出发，进入北极的。

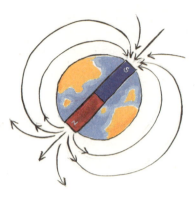

"叔叔，指南针总是指向北方，那如果把指南针放在北极，它会指向哪里呢？"

为了解答努里的疑问，首先要搞清楚一点：地图上的北极点与指南针的N极所指示的方向其实略有区别。

你们都知道地球的自转吧？地球自转时的轴叫做自转轴，地球自转轴穿过地心与地球表面相交，并指向北极星附近的交点，这叫做北极点，自转轴与地球南端表面的交点则叫做南极点。我们在地图上标注维度、经度时，北纬90°是北极，南纬90°是南极。

但指南针的N极所指的方向位于北极点的附近位置，也就是说，地球磁铁的S极稍稍偏离了地球自转轴。

沿着指南针的N极所指的方向一直前进，会到达距离北极点约1800公里的地方。

我们把这里叫做"磁北极"。如果把指南针放在这里，指针会指向哪个方向呢？

刚才我们说过，把大头针放在磁铁的磁极中央，大头针会直立起来。指南针也是一样。由于这里是地球这个大磁铁的S极中心，所以指南针的指针也会垂直于地面指向下。

如果有机会，叔叔什么时候也想去一趟磁北极，亲眼看看指南针的指向。

磁铁越大,磁力就越强吗?

"哈哈，我们先来说说怎样测量磁铁的力量大小吧！"

你们在学校里做过身体检查吧？老师是怎么给你们测量身高和体重的呢？

对，个子是用尺子量的，体重是用体重计来称的。要想测定磁铁力量的大小，也要用到类似的方法。有一种叫做"高斯计"的仪器可以测量磁力大小。

磁场越强，磁力越大。磁场的强弱可以用磁力线的数量来表示。前面我们说过，磁力线密集的地方磁场较强，所以，计算通过一定面积的磁力线的数量，就能得出磁力的大小。

努里个子有多高,体重有多重呢?身高的常用单位是厘米(cm),体重的常用单位是千克(kg)。高斯就是表示磁性强弱的单位,我们可以简单地理解为:1高斯指的是1平方厘米面积内通过了1条磁力线。

"但是我们现在没有高斯计,还能测量磁铁的磁性强弱吗?"

道里呀!你的磁板玩具套装里是不是有许多铁珠?用那个就行了。

磁铁的磁力线越多，磁性就越强。你可以试试用磁棒去吸铁珠，看看能吸住几个。除了铁珠以外，还可以利用能够被磁铁吸引的铁钉、回形针、大头针等。

把回形针放在光滑的桌面上，用磁铁慢慢靠近回形针，当磁铁移动到能够吸引回形针的位置上时测量一下磁铁和回形针之间的距离。距离越远，说明这块磁铁的磁力就越大。此外还可以用磁铁吸住一根螺丝后，用弹簧秤来测量将螺丝与磁铁分离时所需的力量。

使用这些方法，道里的问题就会有答案了。试试看，用回形针去靠近矮胖的圆形磁铁和高个子的条形磁铁。

"回形针主要被吸附在磁铁的两极位置。所以，当圆形磁铁和条形磁铁位于距离回形针一样远的地方时，磁极较宽的条形磁铁会吸引住更多的回形针。如果两块条形磁铁的长度不同、磁极的宽度相同，长度较长的磁铁会吸引住更多的回形针。"

一般来说,增加磁极的宽度,磁铁就能吸引更多的物体。但时间久了,磁极较宽的磁铁更容易失去磁性。

要想使磁铁的磁性变强,更好的方法是将几个磁铁吸合在一起,增加磁铁的长度。尤其是扁平的圆形磁板,多个叠加,磁性才会更大。

磁铁与物体之间的距离越远,磁力就越弱。物体距离磁铁太远,就不会被磁铁吸引。另外,当磁铁的长度变长时,磁力并不是呈比例增强,而是只增强一点。

比起磁铁的大小和形状,磁铁的构成成分更能够影响磁铁磁力的强弱。用氧化铁制成的圆形磁板的磁感应强度大约是700高斯。道里的磁棒是用钕、铁、硼制成的,磁感应强度为3000高斯左右,比圆形磁板强多了。

"除了增加磁铁的长度,还有没有什么方法让磁铁的磁力更大?在加热的情况下,磁铁的磁力会变大吗?"

可能努里认为，磁铁得到能量，磁力会增强。但事实恰恰相反。磁铁加热后，磁性会大大减弱。随着温度升高，磁铁里的小"磁铁"的排列从有序变成无序，磁铁的磁性就会减弱甚至消失。

尤其是钕磁铁，特别容易受到温度的影响。我们把磁铁失去磁性的温度叫做"居里温度"，也称"居里点"或"磁性转变点"。陶瓷磁铁的居里温度约为460℃，钕磁铁在310℃左右就会完全失去磁性。磁钢的居里温度可达860℃，是最耐热的磁铁。

磁铁一旦失去磁性，即使重新降低温度，也无法恢复磁性。

"叔叔，'居里'温度里的'居里'，指的是玛丽·居里吗？"

"努里还知道玛丽·居里呢！这里的'居里'指的是1859年出生于法国的科学家皮埃尔·居里，也就是玛丽·居里的丈夫。"

第1章 组成世界的磁铁 • 49

此后,皮埃尔·居里致力于物体磁性的实验,并制造了一种仪器,用来测定随着温度的变化物体的磁性会如何改变。

1895年,皮埃尔·居里在波兰和玛丽·居里结婚。

两人通过共同研究,发现了放射性元素"镭"和"钋",并获得了诺贝尔物理学奖。

不幸的是,年仅47岁的皮埃尔·居里在街上被马车撞倒后去世。

真令人遗憾,否则他一定会有更大的科学贡献。

要想测定温度变化对磁铁磁性强弱的影响,该怎么做呢?你可以试着数一数磁铁上吸住了多少个回形针,然后把磁铁放进冰箱或沸水中,过15分钟再拿出来,数数磁铁上还剩下几个回形针。不过,磁铁的磁性并不是剧烈变化的,需要仔细观察,才能看出其中的差异。

磁铁的磁性不仅随着温度的变化而变化,还会受到其他磁铁磁场的影响。让磁性较强的钕磁铁和磁性较弱的铁氧体磁铁同极相向,并用胶带捆住后放置一天。

第二天用回形针测定两块磁铁的磁性,你会发现钕磁铁几乎没有变化,而铁氧体磁铁的磁性减弱。受到钕磁铁的影响,磁钢甚至会改变磁极。磁钢中的小"磁铁"在钕磁铁的作用下改变了排列的方向。

磁铁在受到撞击时也容易失去磁性。将磁铁从高空中抛到地面上，或用锤子敲打，会使它失去磁性。把磁棒沿东西方向放好，用锤子敲打50下，再用回形针检测一下磁棒的磁性，你会发现它的磁性大大减弱。

可是，铁钉被锤子击打后，反而会成为磁铁。将铁钉或大头针沿南北方向放置，用锤子击打50下，它们就会变成磁铁。

之所以要把铁钉、大头针沿南北方向放置，是要与地球磁场的方向保持平行。此时受到锤子的撞击后，钢铁中"小磁铁"的运动变得活跃，并按照地球磁场的方向有序排列起来。

"列车即将到达南春川站。"

听到列车广播后,我向窗外一看,火车不知不觉已经快到南春川站了。和叔叔聊着天,时间过得好快呀!

弟弟已经在旁边睡着了,他到底是什么时候睡着的呢?

也是,要理解叔叔说的关于磁铁的知识,弟弟还太小了。像我这么大还差不多。

原以为磁铁就是小孩的玩具,听了叔叔的介绍,才知道磁铁这么神奇,磁铁的原理更是神奇。整个世界都是由磁铁组成的。

　　列车逐渐减速,最后随着"哐当"一声巨响,车身猛烈震动了一下,停住了。我记得曾经在报纸上看到过,磁悬浮列车既平稳又安静,速度比普通火车快得多。什么时候能坐一次磁悬浮列车就好了。

　　对了!磁悬浮列车不就是用电磁铁制造出来的吗?

　　什么是电磁铁?电磁铁应该就是用电做成的磁铁吧!不过用电怎么制造磁铁呢?电和磁铁之间有什么关系呢?这也简单,问问叔叔就知道了。叔叔到底是什么人呢?看上去像个磁铁博士,该不会是制造磁棒玩具的吧?

　　我心里的问号越来越多,但此时火车已经到达南春川站了。我只好和叔叔道别,叫醒弟弟,准备下车。

第 2 章
移动世界的电磁铁

姨妈的女儿，也就是我的表姐，是一名大学生。

她以后会成为一名小学教师，可以说是个预备役教师。不知道是不是因为这样，我和姐姐很聊得来。

姐姐说要带我去参观大学校园。太棒了！参观大学，而且还是培养预备役教师的大学。我很想知道老师们都是怎么学习的，所以催着姐姐赶紧带我去。这次我没有带上道里，领着他出门其实挺麻烦的。反正我已经把他带到春川的姨妈家了，我的任务就算完成了。

走进大学校门，两旁是整齐的银杏树，枝繁叶茂，绿茵如盖，看上去足有几十年树龄的玉兰花香气袭人，还盛开着黄色的山茱萸。绿色的草坪上，大学生哥哥姐姐们三三两两地围坐在一起谈笑风生。校园看上去既整洁又美丽。

我们在校园里走走停停。突然,前面走来一个人,看上去十分面熟,好像在哪儿见过。那熟悉的胡子!不就是在火车上遇到的叔叔吗?

叔叔为什么会在这儿呢?

"教授,您好!"

姐姐恭恭敬敬地向叔叔问了个好。啊!这是姐姐的教授?我还在发愣,叔叔,不,王老师(他是老师的老师,可不就是王老师吗)先跟我打招呼了。我也赶紧向老师问好。姐姐很意外,不知道我们怎么会认识。

王老师邀请我到他的研究室去坐坐,说这么巧又碰面了,得喝杯果汁再走,顺便参观一下老师的研究室。我一听,赶紧放开姐姐的手,站在王老师身边。太好了!我正巧有问题想问他呢。他不是磁铁博士嘛!

电和磁是双胞胎吗？

"干电池和磁棒当然完全不同。我们说电和磁是一对双胞胎,并不意味着干电池就是磁铁,而是说有电流通过时就会产生磁场。"

第一个发现这一现象的人,是丹麦物理学奖奥斯特。1820年,奥斯特在家里给朋友和学生展示电流通过时电线上会产生热的实验,突然发现了一个有趣的现象。电线下方放着一个指南针,当电流从电线上通过时,指南针的指针发生了偏转。

这个现象吸引了奥斯特的注意。当时人们都认为电和磁是互不相关的两种现象。但电流通过时指南针也会转动,说明电能够产生磁效应。

奥斯特仔细观察这种现象，并发现指南针的指针并不是被电线吸引，而是向与电线垂直的方向偏转。为什么会这样呢？

"指针并没有被电线吸引，说明有电流通过的电线没有变成磁铁。可是指针发生转动，说明电线周围产生了一种力量，能够移动磁铁。"

努里真了不起，比奥斯特还聪明。正如努里的想法一样，电流通过的电线周围产生了一种力量，也就是磁场。

还记得我在火车上说过的话吗？把指南针放在磁棒周围，受到磁场的作用，指针就会转动。电线旁边的指南针发生偏转，同样也是由于磁场的缘故。

但奥斯特当时并不明白其中的原理，只是认为电和磁之间存在着某种关系。在此之前，人们都以为电和磁毫不相干。奥斯特的实验很快在科学家之间传开了，大家都认为这个实验非常重要，是揭开电和磁之间奥秘的重大线索。

揭开这个奥秘的人就是法国科学家安培。安培认为：电流是产生磁场的原因，在电流通过的电线周围产生了圆形的磁场。

我们来看看电流从电线上通过时磁场是怎样产生的吧！在树脂板上钻一个洞，插入一根电线，使电线与地面垂直，并把指南针放在树脂板上。当电线上有电流通过时，指南针的N极会指向哪里呢？

当电流自下而上通过电线时，指南针的N极会向逆时针方向偏转。这里面涉及一个简单的法则。在直线电流中，用右手握住导线，让伸直的大拇指所指的方向与电流的方向一致，那么弯曲的四指所指的方向就是磁力线的方向。这就是"磁场右手定则"。在环形电流中，让右手弯曲的四指和环形电流的方向一致，那么伸直的大拇指所指的方向就是磁力线的方向。

怎么样，只要伸出右手，马上就能知道电流通过时周围的磁场是什么样的了吧？

这回我们把电线放平试一试。做一个电路,在电线下面放一个指南针,两者平行。当电线上有电流通过时,指针会怎样转动呢?

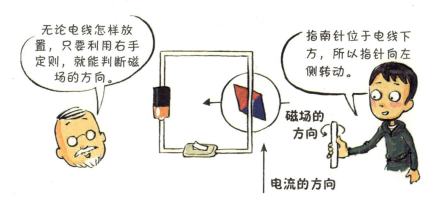

努里答得很对。如果在上面的电路中把指南针放在电线的上面,指针的转向恰恰相反,会向右边转动。这是因为在电流通过的电线周围产生圆形的磁场,在电线的前后方磁场的方向正好相反。

当然,如果把干电池的两个极换过来,改变电流的方向,指针转动的方向也会发生改变。

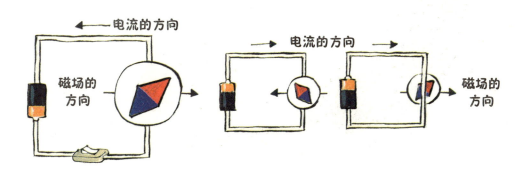

"仔细想想,电流产生的磁场和磁铁周围产生的磁场有点不一样。电流产生的磁场只在电流周围。磁铁产生的磁场是从N极出发,进入S极。"

努里观察得非常仔细,但事实上两者之间没有什么区别。我们用电流也能制造出和磁铁一样的磁场。

使电流通过圆环形状的线圈,会产生什么样的磁场呢?用前面学过的右手定则来判断一下吧!下图是半个圆环形线圈。

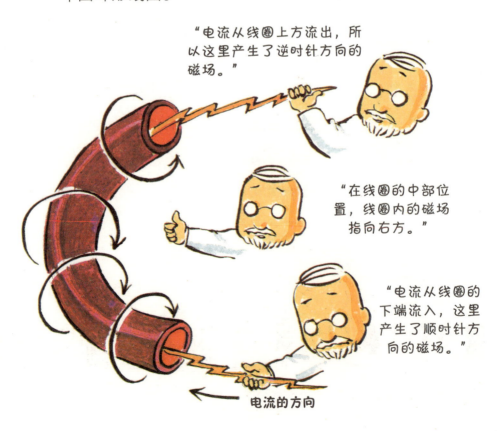

"电流从线圈上方流出,所以这里产生了逆时针方向的磁场。"

"在线圈的中部位置,线圈内的磁场指向右方。"

"电流从线圈的下端流入,这里产生了顺时针方向的磁场。"

电流的方向

线圈内部产生的磁场总是指向右。前面我们说过，磁场的方向就是磁针静止时N极所指的方向。所以线圈内部就相当于一个磁铁，左边是S极，右边是N极。

如果把线圈做成左图的形状，线圈内产生的磁场不就和圆形磁板上产生的磁场一样吗？

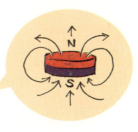

如果线圈呈螺旋状，电线的作用就相当于一个磁棒。让右手弯曲的四指和环形电流的方向保持一致，伸直的大拇指所指的方向就是磁力线的方向，也就是N极。

利用指南针，马上就能看出线圈是不是成了一个磁铁。将电线缠绕在纸做的圆筒上，圆筒呈水平放置，指南针的指针与圆筒垂直。当电线上有电流通过时，指针的N极会转向哪边呢？利用右手，想一想指南针附近的磁场是怎样的。

"线圈的右侧是S极，左侧是N极。"

指针的N极转向线圈，说明线圈的右侧产生了S极。

现在在圆筒上缠绕更多的电线，让电流通过，看看指针转动的程度。

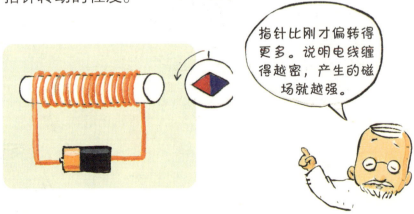

指针比刚才偏转得更多。说明电线缠得越密，产生的磁场就越强。

把指南针从远而近地靠近线圈，你会发现指针的转动幅度也会越来越大。这是自然的，离线圈越近，线圈产生的磁场就越强。

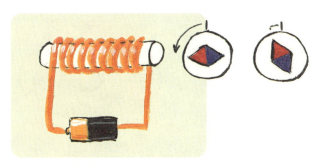

怎么样，电流通过时产生的磁场与磁铁产生的磁场没有什么不同吧？看到这些现象，安培有了一个别人从未有过的奇妙想法。

"磁铁产生磁场，事实上也是因为磁铁上产生了电流吧？磁铁中是不是存在着我们所不知道的电路呢？"

"如果磁铁上产生了电流，应当会有触电的感觉，可是我摸着为什么没感觉呢？没有电线，也没有干电池，电流怎么能通过磁铁呢？"

努里，你知道原子吗？世界上的一切物质都是由原子构成的。

原子又是由带正电荷（＋）的原子核与带负电荷（－）的电子组成的。原子核位于原子的中心，电子围绕着原子核运动。

我们把原子扩大一下看看。电子在原子核的周围运动，相当于电流的流动，但电流的方向和电子运动的方向恰恰相反。这样，就好比电流从一个圆环形的线圈上通过。

在环形电流中，让右手弯曲的四指和环形电流的方向一致，那么伸直的大拇指所指的方向就是磁场的方向。怎么样，你找到原子的磁场方向了吗？这么看的话，原子不就相当于一个小磁铁吗？

所有物质都是由原子组成的，原子的作用相当于一个小磁铁，所以我们可以认为所有物质都是由小磁铁构成的。但由于这些小磁铁的排列杂乱无序，所以不能表现出磁铁的性质。铁、镍、钴等物质里的小磁铁能够有序排列，所以能成为磁铁。

现在你相信磁铁里也有电路了吧？正如安培所说，磁性的本质应当归结为电流的磁效应，即一切磁现象都起源于电流或电荷的运动。所以科学家们说电和磁是一对双胞胎。

线圈内放入铁芯,就会成为磁铁吗?

我和王老师一起走进实验室,看到许多大学生哥哥姐姐正在做电磁铁的实验。我赶紧走到姐姐身边。黑板上写着一道题。

"螺线管是什么呢?"我自言自语说。

姐姐趴在我耳边告诉我,螺线管就是将电线层层缠绕成螺旋状。啊,那就跟刚才王老师研究室里的环形线圈差不多。既然线圈缠绕得越多磁场越强,那肯定是缠了100圈漆包线的螺线管磁性更强了。

王老师好像看穿了我的心思，冲着我笑了一笑，让我也动手做一做。于是，我和姐姐拿起两根长度相同的漆包线，把它缠绕在吸管上，我缠了50圈，姐姐缠了100圈。接着，姐姐用砂纸擦了擦漆包线的两端，让上面的涂漆脱落，然后连接上电池。姐姐说，漆包线由铜线和外面包裹着的一层涂漆组成，必须把绝缘的涂漆去掉，连接电池后才能通电。

我缠绕的线圈比较稀疏。王老师用高斯计测定了我制作的螺线管的磁力，然后用手拨弄了几下线圈，使它们之间的间距变小，只见高斯计上显示的数值马上增大了。

同样是绕50圈，缠绕得越紧密，电磁铁的磁性就越强。

于是，我和姐姐都把线圈缠得非常紧密，并贴上胶带，再次用高斯计测量了一下，发现两个螺线管测出的数值几乎没有什么差别。咦！难道不是线圈越多，磁场就越强吗？

王老师解释说，螺线管的磁场大小并不与线圈的个数多少成正比，而是与单位长度内的线圈个数，也就是线圈的紧密程度有关。

姐姐缠绕的线圈个数虽然是我的两倍，但螺线管的长度也增加到两倍，单位长度内的线圈个数和我的一样，所以磁场的强度也几乎相同。

要想增强螺线管的磁场强度，就要把漆包线缠得紧密些，最好缠好几层。

我和姐姐把大头针放在我们做好的螺线管旁边。当电流通过时，螺线管将变成磁铁，应该会吸引大头针，可是奇怪，连一枚大头针也没有被吸引过去。指南针在螺线管旁边会发生偏转，说明确实产生了磁场，那为什么吸不住大头针呢？王老师说，这样做出来的螺线管产生的磁场不够强，不足以吸引大头针，试试把一枚大长钉插入螺线管中间，看看能不能吸住大头针。

姐姐按照老师的话一试，这回大头针马上就被吸住了！我在我的螺线管内插入一根铜线，大头针却没有反应。

为什么铁制的长钉可以，铜线却不行呢？插入长钉为什么电磁铁的磁场变强了呢？

"我来回答一下努里的问题吧!为什么螺线管内插入铁钉,磁场会变强呢?"

努里,我说过,世界上的所有物体都是由无数小"磁铁"组成的。但根据物质种类不同,有的物体容易被磁化,有的不容易被磁化。铁在磁场附近容易被磁化,变成磁铁。

努里做的螺线管如果接通电流,会产生磁场,让右手弯曲的四指和电流的方向保持一致,那么伸直的大拇指就会指向N级。所以,努里做的螺线管的右边是N级,左边是S级。如果在里面插入铁芯,会怎么样呢?

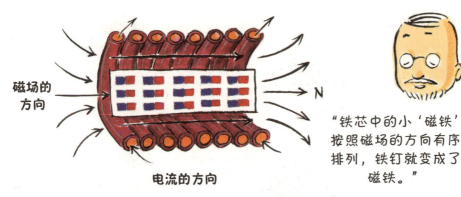

"铁芯中的小'磁铁'按照磁场的方向有序排列,铁钉就变成了磁铁。"

螺线管中插入铁芯后等于有了磁铁,磁场比没有铁芯的螺线管强得多,足足增大了几百倍至几千倍,所以能够吸引大头针。

但铜在磁场附近不容易被磁化,所以把铜线插入螺线管也不会成为磁铁,自然就吸引不了大头针。

努里,试试把铁钉从姐姐的螺线管中拔出来,放到大头针旁边,你看看会怎么样?也能吸住两三根大头针吧?说明铁钉还是保持着磁铁的性质,但没有刚才那么强了。

铁钉是用铁和碳混合的钢铁制成的。钢铁一旦被磁化,能够长久维持这种状态,即使不通电流,也还是磁铁。

但所谓电磁铁,就是有电流通过时才有磁性,没有电流时就没有磁性。我们一起来做一个真正的电磁铁吧!

"首先将铁钉在火上充分加热,然后慢慢冷却。"

记得我说过的话吗?磁铁加热会失去磁性。我这么做是担心铁钉已经被磁化,所以在火上加热,确保它没有磁性。如果铁钉被磁化,即使不通电流,也带有磁性,就无法做成真正意义上的电磁铁了。

然后，用较长的时间让铁钉慢慢冷却，这样铁钉中的碳才会挥发出去，使铁钉变成软铁。软铁放入磁场中容易被磁化，当外部磁场消失时又很容易失去磁性。

把钢铁制成的铁钉在火上充分加热后逐渐冷却，就能得到软铁。

在纸上缠绕漆包线，漆包线不容易滑动，可以缠得更紧密。此外，如果不用纸包裹住铁芯，漆包线上的涂漆容易脱落或被热熔化，电流可能流入铁芯，使电磁铁无法正常发挥作用。铁芯外面包了纸，就可以预防这些问题发生。

"现在电磁铁差不多完成了。用小刀刮去漆包线两端的涂漆，并连接干电池。"

现在一个电磁铁就做好了。接通电路时，把大头针放在电磁铁附近，大头针会被吸在电磁铁上，切断电路后大头针就掉下来。也就是说，只有在通电的时候才具有磁性，这才是真正的电磁铁。

努里，要想让这个电磁铁的磁性变得更强，该怎么做呢？

"可以把漆包线缠绕得更紧密，此外还有什么办法呢？对了！电磁铁是在电流的作用下变成磁铁的，如果电流增强，磁性是不是也会增强？"

对！再多加一个电池，使电流增强，漆包线上产生的磁场也会变强，铁芯处于更强的磁场中，磁性也会加强。

磁铁附近的电线为什么会动?

"当然是让机器启动了。通电的电线位于磁铁附近,电线就会动起来。"

努里,你知道电动机吗?或者说马达。风扇的风叶、跑步机的皮带之所以会转动,都是因为里面有电动机(马达)的缘故。电动机正是由线圈和磁铁构成的。线圈上有电流通过时,就成了一个电磁铁。

法拉第是第一个制造出电动机的人。英国科学家法拉第生活在距今约200年前,他和前面提到的奥斯特、安培差不多是同一时期的。

第2章 移动世界的电磁铁 • 81

奥斯特在实验中发现，指南针会在电流通过的导线附近发生偏转。平时就对电和磁非常感兴趣的法拉第听到这个消息，马上就想：既然电的力量能使磁铁转动，那么借助磁铁的力量，一定也能产生电流。

法拉第通过实验证明了自己的想法。把通过电流的电线悬挂下来，当磁铁靠近时，电线就会动起来。

电线上有电流通过时，周围会产生磁场。电线的磁场和磁铁的磁场相互作用，使电线发生转动。反过来也是成立的：将通电的电线固定，附近的磁铁也会转动起来。

"法拉第制造的电动机可以使风扇转动吗?"

这样简陋的电动机是无法转动风扇的。法拉第陷入了苦闷。他发现电能使磁铁转动,磁铁也能使通电流的电线转动,却不知道这个实验结果在实际生活中该如何应用。法拉第是第一个制造出电动机的人,但美国科学家亨利对电动机进行了改进,使之能够实际应用。

今天,电动机广泛用于电风扇、电脑、吹风机、搅拌机、电冰箱、空调等小家电,工厂的大机器等所有需要动力的装置上。我们也可以制作一个简单的电动机。努里,我们一起试试吧?

制造简易电动机

第一步,将漆包线缠绕 10 圈左右,制成直径 3 厘米的线圈。

> 在干电池上缠绕漆包线,效果很好哦。

第二步,如图所示,线头从圆形线圈的两端分别穿过,成为两个转轴。

> 转轴将成为线圈转动时的中心轴,制作时要注意保持平衡。

第三步,用小刀刮去一个转轴顶端的全部涂漆,另一转轴顶端的涂漆只去掉一半。

> 另一端只能去掉一半哦!

第四步，把两个回形针掰开，制成支架，中间安装上圆形线圈，线圈下面放一个圆形磁板。

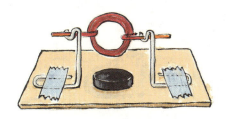

第五步，在支架上连接电池。

"支架和线圈没有连接好，电流无法通过线圈，所以不转。此时要注意确认涂漆是否已经去除，转轴和支架之间的连接是否紧密。"

"王老师,电流通过时线圈为什么会转动呢?还有,漆包线的一端为什么只需要去掉一半涂漆?把涂漆全部去掉,电流不是更容易通过吗?"

努里的问题提得好。我们先来看看线圈是怎样转动的。线圈上有电流通过时,线圈就成了电磁铁,一端成为 N 极,一端成为 S 极。利用前面所说的右手定则,这个很容易理解。

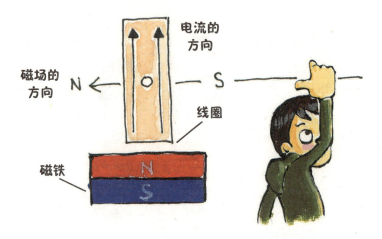

而平放在地上的圆形磁板上端是 N 极,此时会出现什么情况呢?

对,磁铁异极相吸,所以线圈向顺时针方向转动,线圈的 S 级转向磁铁的 N 级。

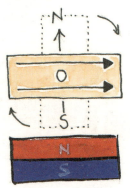

这样，当线圈转到与磁板平行的位置，线圈的下端成为 S 极，与磁铁的 N 极相吸，线圈无法继续转动，这就称不上电动机了。此时如果电流消失，会怎么样？

你听说过惯性吗？运动的物体继续保持运动状态，静止的物体继续保持静止状态，这就是惯性。没有电流通过时，线圈就不再是电磁铁了，但线圈刚才是向顺时针方向转动的，由于惯性的作用，线圈无法马上停止转动，而是会继续转动半圈。此时使线圈转动的力量并不是来自电磁铁，而是惯性的作用。

这样再转动半圈后，如果线圈里又有了电流，会怎么样呢？线圈又成了电磁铁，此时线圈的下端是 N 极。

圆形磁板的上端也是N极，同极相斥，线圈又向顺时针方向转动起来。

于是，线圈就可以周而复始地转动。

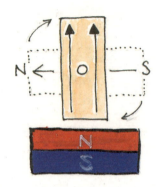

"线圈会不停地转动。那旁边需要不停地把电流接通、断开吗？如果是这样的话，还不如直接用手转动呢！"

努里的话也有道理。刚才你不是问了吗，为什么漆包线的一端只被去掉一部分涂漆？这样做的原因，就是为了让电流时有时无。

线圈转动时，漆包线也在支架上转动起来。当留有涂漆的部分碰到支架，电流就会断开，因为涂漆是绝缘材料。也就是说，我们去掉漆包线的一半涂漆，是为了让线圈每转动半圈电流都会自动断开。这样，就不需要我们在旁边一会儿接通电流一会儿切断电流了！

用手转动电动机，就成了发电机？

"努里,刚才我们学过,磁场中的电线上有电流通过时,电线会转动。那么反过来,磁场中的电线转动时,不就能产生电流吗?"

第一个提出这个想法的人就是法拉第,电动机也是他最先发明的。法拉第认为电和磁之间有着密切的联系,电可以产生磁,磁也可以产生电。

法拉第将电线缠绕成环形线圈,在线圈中迅速插入磁铁再拔出,发现电线上有电流通过。当然,这是在没有连接电池的情况下。

就这样,法拉第制造出了世界上第一台发电机。这个发电机产生的电能够带动电动机。

我们也来做一下法拉第的实验吧！非常简单，首先将电线缠绕成线圈模样，再连接上检流计。

检流计可以检测线圈上有没有电流通过。如果线圈上有电流通过，检流计的指针就会偏转。电流越强，指针偏转的角度越大。现在线圈上没有连接电池，所以没有电流，检流计的指针指向零。现在，把磁铁的S极靠近线圈。

检流计

"努里，看到检流计的指针向右偏转后又回到原位吗？"

现在我要把磁铁从线圈附近拿走，看看检流计的指针会怎么运动。

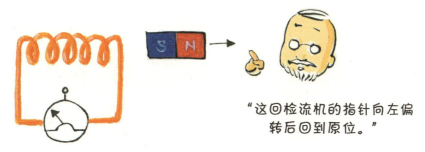
"这回检流机的指针向左偏转后回到原位。"

更神奇的是，如果磁铁不动，线圈上就没有电流通过。也就是说，磁铁动的时候，才会有电流。磁铁动得快，检流计的指针偏转的角度也大，说明电流更强。

如果磁铁保持运动，线圈上就一直会有电流通过。

"王老师，为什么将磁棒插入线圈和抽出线圈，检流计的指针偏转方向会相反？"

这是因为线圈上的电流方向发生了改变。将磁棒插入线圈时的电流方向和抽出磁棒时的电流方向正好是相反的。发现这一现象的人是俄罗斯物理学家楞次。他发现，线圈上产生的电流方向，总是试图阻碍磁铁的转动。

也就是说，当磁铁的Ｓ极靠近线圈时，线圈的右侧产生电流，并变成Ｓ极，与磁铁的Ｓ极发生排斥反应，像是要推开磁铁；当磁铁的Ｓ极慢慢远离线圈时，线圈的右侧产生相反方向的电流，并变成Ｎ极，与磁铁的Ｓ极相互吸引。

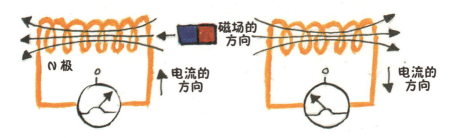

怎么样,这样就能用电动机来制作发电机了吧?用手转动电动机的线圈,线圈上就会有电流通过。其实发电机的构造和电动机非常相似。

向自行车上的电灯供应电流的小型发电机也是由磁铁和线圈构成的。磁铁转动时,线圈上产生电流,磁铁上有转轴,转轴与自行车的车轮相连。因此,自行车向前骑行时,就会带动连在车轮上的磁铁转轴,使磁铁转动,产生电流。自行车的速度越快,电流就越强。

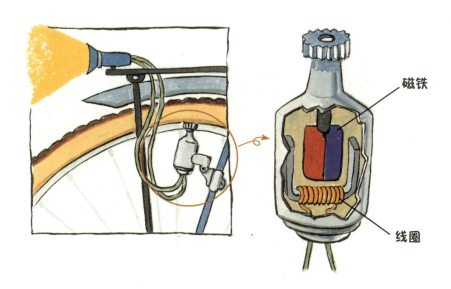

努里爱玩的滑板车车轮也会发光吧?原理和自行车灯是一样的。骑滑板车的时候,车轮转动,带动里面的磁铁。当然,磁铁旁边也是有线圈的。

变压器、麦克风、录音机等都使用了发电机的原理。

所以，线圈是一个非常奇妙的装置。当线圈中有电流通过，线圈周围就会产生磁场；穿过线圈的磁场强弱发生变化时，线圈中就会产生电流。

现在我们再来看一个更有意思的现象。这里有一块长 1 米左右的铜管，我们试试把一根粉笔扔进铜管里。粉笔很快就穿过铜管掉下去了吧？粉笔通过铜管的时间不过 0.5 秒，很难接住。下面我们往铜管里扔一个磁铁。

为什么磁铁没有很快掉下来呢？现在总算掉下来了。磁铁通过铜管的时间大约是 10 秒。粉笔很快就掉下来，磁铁下降的速度为什么这么慢呢？

粉笔和磁铁之所以会往下掉，是受到地球重力的作用。在铜管中，磁铁比粉笔下降得慢，是因为受到了一个向上推的力量。这就是磁力。磁力是能够吸引或排斥磁铁的力量。那么，这个磁力是怎么产生的呢？

"是不是铜管中有电流通过？刚才把磁铁插入线圈，不是在阻碍磁铁运动的方向上产生了电流吗？线圈也是用铜做成的，可见铜管中也会有电流通过。"

哇，努里真了不起！非常对，铜管中产生了电流。

当磁铁通过铜管的一部分时，假设磁铁的 N 极接近铜管，铜管上就会产生电流，妨碍磁铁的运动。也就是说，铜管内产生逆时针方向的电流，铜管的上方变成 N 极，与磁铁的 N 极相互排斥。

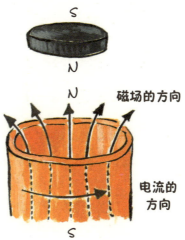

第2章 移动世界的电磁铁 • 95

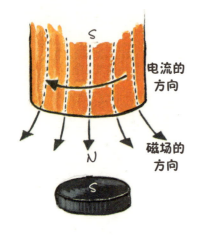

当磁铁通过一部分铜管以后,铜管内会产生什么方向的电流呢?对,为了阻碍磁铁向下掉落,在向上推顶磁铁的方向上产生了电流。也就是说,铜管下端变成N极,电流呈顺时针方向。

所以,不一定要将磁铁一会儿放入、一会儿拔出线圈,只要有磁铁和能够发挥线圈作用的铜管,就能制造电流。当磁铁通过铜管时,在磁铁磁场的作用下铜管内产生电流,电流产生的磁场阻碍磁铁的运动,所以磁铁下降的速度很慢。

"真神奇!上哪儿去找这么长的铜管呢?我真想让朋友们也看看这个实验。"

这么奇妙的现象,一个人欣赏是有点可惜吧?那就向你的朋友展示一下硬币实验吧!用一枚硬币也能看到类似的现象。准备一根长纸条,其中一端剪一个小豁口,夹住一枚硬币,用胶带粘住,别让硬币掉下来。用胶带把纸条粘在课桌的一角,让铜钱悬挂在半空中。

接着，用一块钕磁铁粘住一根铁钉，制成一个把手，在硬币前面左右移动磁铁，观察硬币会发生什么现象。

随着磁铁的运动，硬币也动起来了吧？为什么会这样呢？由铜、锌、镍等成分构成的硬币并不会被磁铁吸引。

这个现象的原理和刚才电流通过铜管的实验是一样的。磁铁靠近铜制的硬币，硬币上就会有电流通过，阻止磁铁靠近，所以硬币向两侧摇摆。

现在轻轻地摇一下硬币，把磁铁靠近摇晃的硬币，看硬币会怎么样。磁铁一靠近，硬币就停止摇动了。

这也是因为硬币上产生了电流，阻止硬币摇动。

导体周围的磁场发生改变时，导体上会有电流通过，这种现象就叫做"电磁感应"。电磁感应现象在我们日常生活中的应用非常广泛，其中最重要的应用就是发电机。如果没有发电机，我们就不能像现在这样随心所欲地使用电了。没有电的生活很难想象吧？

"真神奇！我以为磁铁不过是道里的一个玩具，没想到磁铁和线圈相遇，改变了整个世界！"

"呵呵！并不仅仅是磁铁和线圈改变了世界。我们能够在地球上生活，其实也是磁场的作用。"

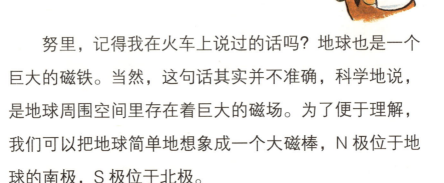

努里，记得我在火车上说过的话吗？地球也是一个巨大的磁铁。当然，这句话其实并不准确，科学地说，是地球周围空间里存在着巨大的磁场。为了便于理解，我们可以把地球简单地想象成一个大磁棒，N 极位于地球的南极，S 极位于北极。

地球内部有液体形态的地核，主要成分是铁和镍。由于地球内部温度极高，铁和镍也都熔化为液体状态。地球每天自转一周，内部的铁和镍也会随着转动。但液体状态的地核比地球表面的转动速度更快。

此时，铁里的电子也在向同一方向转动，从而产生了与地球的自转方向相反的电流。因为电流的方向和电子的实际移动方向是相反的。

也就是说，地球由西向东自转，地核中铁成分的电子也在向同一方向转动，但产生了自东向西即顺时针方向的电流。

现在把你右手弯曲的四指朝顺时针方向握好，找一找磁场的方向吧。伸直的大拇指不正指向南方吗？所以说，地球磁铁的 S 极位于北极，N 极位于南极。

"哎呀！时间都这么晚了。和我们的小科学家聊天，时间不知不觉就过去了。我猜，努里在学校里一定非常喜欢科学吧？"

春川旅行归来

听到王老师问我是不是很喜欢科学，我不好意思地低下头，没有回答。其实我并不怎么喜欢科学。

我和姐姐向老师道别后走出了研究室。虽然我很想再听老师讲讲更多的科学故事，但想到弟弟可能正在姨妈家眼巴巴地等着我，只好打消了这个念头。我原以为磁铁只不过是弟弟的一个玩具，没想到它在日常生活中的应用这么广泛。能够发电、移动物体、记录信息……磁铁的本领可真大呀！

但更让我感到惊讶的是，电流能够产生磁场。电和磁看上去似乎完全没有关系，但其实却是一对双胞胎。

我还懂得了世界上所有的物质都是由许多"小磁铁"构成的。

王老师说，在研究磁铁的过程中，会发现大自然的更多奥秘。磁铁居然是破解自然秘密的一把钥匙！我也想用这把钥匙，去探索自然的奥秘。

现在无论弟弟问什么关于磁铁的问题，我应该都能对答如流了。想到这里，我别提有多高兴了。待会儿回到家，我得在弟弟面前好好炫耀炫耀。我还要回去告诉我的小伙伴们，学习科学是非常有意思的！

북멘토 주제학습초등과학시리즈 -06 자석과 전자석, 춘천가는 기차를 타다
Copyright © 2006 by Chang Byeong-gi & Clement Poiraud.
All rights reserved.
Original Korean edition was published by 2006 by Chang Byeong-gi & Clement Poiraud.
Simplified Chinese Translation Copyright© 2014 by CHEMICAL INDUSTRY PRESS.
Chinese translation rights arranged with 2013 by Chang Byeong-gi & Clement Poiraud
through AnyCraft-HUB Corp., Seoul, Korea & Beijing Kareka Consultation Center, Beijing,
China.
本书中文简体字版由 BOOKMENTOR Publishing Co., Ltd. 授权化学工业出版社独家出版发行。
未经许可，不得以任何方式复制或抄袭本书的任何部分，违者必究。

北京市版权局著作权合同登记号：01-2013-5365

图书在版编目（CIP）数据

科学超入门. 2：磁与电磁，不可思议，磁铁组成世界！／［韩］张炳基著；［韩］可乐梦绘；陈琳，胡利强，许明明译. —北京：化学工业出版社，2014.8（2021.3重印）
ISBN 978-7-122-21113-2

Ⅰ. ①科… Ⅱ. ①张… ②可… ③陈… ④胡… ⑤许… Ⅲ. ①科学知识-青少年读物 ②磁学-青少年读物 ③电磁学-青少年读物 Ⅳ. ①Z228.2 ②O44-49

中国版本图书馆CIP数据核字(2014)第142219号

责任编辑：成荣霞　　　　　　　　　文字编辑：王　琳
责任校对：徐贞珍　　　　　　　　　装帧设计：王晓宇

出版发行：化学工业出版社（北京市东城区青年湖南街13号　邮政编码100011）
印　　装：天津画中画印刷有限公司
710mm×1000mm　1/16　印张 6½　字数 49.2千字
2021年3月北京第1版第9次印刷

购书咨询：010-64518888　　　　　　售后服务：010-64518899
网　　址：http://www.cip.com.cn
凡购买本书，如有缺损质量问题，本社销售中心负责调换。

定　　价：29.80元　　　　　　　　　　　　　　版权所有　违者必究

科学充满想象，越读越快乐！

最快乐的科学书 第一辑

最快乐的科学书 第二辑

 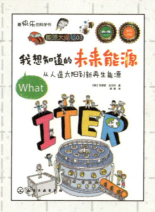 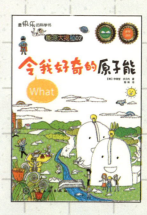